Praxistipps Online Geld Verdienen

von Julius Gregor

2. Auflage 2016

Inhaltsverzeichnis

Einleitung 3

Online Geld verdienen 4

    Voraussetzungen und Einschränkungen beim Geld verdienen im Internet 5

    Mit Umfragen Geld verdienen 6

    Geld verdienen durch Lesen von Mails 7

    Auf der eigenen Webseite für Unternehmen Werbung machen 8

    Blogs sind ebenfalls eine seriöse Verdienstmöglichkeit 10

Affiliate Marketing 11

    Was sind die verschiedenen Provisionsmodelle? 12

    Für Affiliate - Marketing - Einsteiger 13

Dropshipping- Handelskonzept der Zukunft 15

Mehr Traffic in wenigen Tagen - so klappt es! 20

SEO 24

Outsourcing Diensleistungen - Jobs der Zukunft 27

    Outsourcing privat vermitteln 29

Gut organisiert im Home Office 30

Übersicht der Links 34

Buchempfehlungen 36

Einleitung

Herzlichen Dank für den Kauf dieses Ebooks! Ich hoffe, dass einige nützliche Hinweise und Methoden für Sie dabei sind.

Meine Absicht ist es, dem Anfänger einige nützliche Tipps zu geben, um einfach mal loszulegen. Auch ich selbst habe vor 12 Jahren nebenbei angefangen. Es geht hierbei nicht darum, wie werde ich schnell reich oder gar Millionär. Auch das ist sicherlich möglich, aber oft funktionieren diese Methoden nicht wirklich. Ausserdem kann ich hier nicht aus eigener Erfahrung sprechen...

Ziel ist es also, ins Handeln zu kommen. Das Internet boomt, in den nächsten Jahren ist mit Wachstum zu rechnen. Der richtige Zeitpunkt, um in das Online-Geschäft einzusteigen, ist also genau jetzt.

Neben einigen Verdienstmethoden ist auch die Optimierung der eigenen Webseite - also SEO - ein Thema. Das Ziel ist die Generierung von Besuchern, sprich den Traffic auf der eigenen Seite zu erhöhen.

Auch geht es um richtige Organisation von Anfang an, denn auch ein Nebengeschäft sollte unbedingt professionell angegangen werden. Manchmal kann recht schnell mehr daraus werden, und es sollte dann nicht im Chaos enden.

Auf rechtliche Fragen sowie die Themen Gewerbeanmeldung und Steuer kann ich hier nicht eingehen, wenden Sie sich hierzu bitte an einen Rechtanwalt bzw. Steuerberater.

Ich wünsche viel Erfolg und auch Spaß bei der Umsetzung!

Julius Gregor

Online Geld verdienen

Grundsätzlich besteht für jeden die Möglichkeit, sich über das Internet ein Zusatzeinkommen zu verschaffen. Wer bei der Auswahl der verschiedenen Verdienstmöglichkeiten ein wenig Vorsicht walten lässt und einige Regeln beachtet, fällt auch nicht auf unseriöse Geschäftemacher herein, die einem entweder das Geld aus der Tasche ziehen oder für erbrachte Leistungen nicht bezahlen. Für den Zusatzverdienst im Internet gibt es keinen speziellen Königsweg, die Möglichkeiten sind vielfältig und zu einem Großteil kann man sogar auf seine eigenen Talente und Vorlieben zurückgreifen. Bei manchen Verdiensten sind Vorkenntnisse, beispielsweise in der Rechtschreibung, notwendig. Der überwiegende Teil ist jedoch für jeden, auch ohne Vorkenntnisse, machbar.

Auch wenn manche Anbieter das Versprechen, man wird mit diesen Verdiensten nicht reich, steht dabei jedoch auch nicht unter Zeitdruck und der Aufwand ist ebenfalls überschaubar. Am Ende ist die Höhe des Einkommens von der Geduld und dem Fleiß abhängig. In diesem Zusammenhang sei direkt darauf hingewiesen, dass Sie sich von Anbietern, die ein Einkommen von mehreren Tausend Euro im Monat versprechen, fernhalten sollten. Solche Angebot sind unseriös, meist geht es nur darum Kontodaten auszuspionieren. Andere bieten für Preis zwischen 10 und mehreren hundert Euro Geheimformeln zum Geld verdienen im Internet an. Da werden dann Tipps versprochen, die angeblich einmalig sind und niemand anderes kennt. Bei beiden Möglichkeiten sollten Sie sich eine ganz persönliche Frage stellen: Wenn Sie die Möglichkeit entdeckt hätten, wie man im Internet ohne großen Aufwand Multimillionär wird, würden Sie diese Information dann für fünfzig, hundert oder zweihundert Euro verkaufen? Ich kann es mir nicht vorstellen! Warum sollten Sie das tun? Sie sind doch ohnehin schon steinreich. Dann können Sie doch sorglos in den Tag hineinleben. Warum also für hundert Euro am Computer sitzen und anderen erzählen wie es geht, die Informationen verschicken und kontrollieren, ob auch jeder am Ende bezahlt? Natürlich hat er den Trick entdeckt: Er verkauft wertloses oder überall frei erhältliches Wissen zu einem horrenden Preis und ist nach einigen Jahren tatsächlich durch den Handel mit Luft steinreich geworden. Glauben Sie also niemals den Versprechungen vom schnellen Geld.

Voraussetzungen und Einschränkungen beim Geld verdienen im Internet

Tatsächlich kann jeder im Internet Angebote zur Heimarbeit finden. Egal ob es sich um Studenten, Hausfrauen, Rentner, Schüler oder Studenten handelt. Es gibt keinerlei Beschränkungen in irgendeiner Form, weder Ausbildung noch Alter oder andere Vorgaben behindern beim Geld verdienen. Es ist lediglich ein Internetzugang und eine Mailadresse erforderlich. Möglichkeiten bestehen sogar ohne eigene Webseite, was für Einsteiger immer zu empfehlen ist. Ohne jede finanzielle Vorleistung kann mit dem Aufbau eines Nebenverdienstes begonnen werden. Mit einer Webseite vervielfachen sich natürlich diese Möglichkeiten, ebenso aber auch die Arbeit. Nur wenige andere Nebentätigkeiten bieten sämtliche Vorteile, die das Internet bietet, meist bieten sich bei anderen Nebentätigkeiten nur einige dieser Vorteile an, auf den Rest muss verzichtet werden:

*** Die Nebentätigkeit wird von zuhause als Heimarbeit ausgeübt
*** Es werden keinerlei Verpflichtungen eingegangen
*** Bei seriöse Anbietern ist keine finanzielle Vorleistung erforderlich
*** Man ist zeitlich ungebunden und unabhängig
*** Der finanzielle Spielraum vergrößert sich

Häufig geht es bei den Verdienstmöglichkeiten nicht um große Summen oder Beträge. Ähnlich wie beim Einkauf im Supermarkt summieren sich aber auch bei den Verdiensten im Internet kleine Beträge zu großen Summen.

Nach dem Sammeln der ersten Erfahrungen können Sie die Verdienstmöglichkeiten natürlich mit einer eigenen Homepage/Webseite ausbauen, womit sich lukrative weitere Einnahmequellen ergeben. Hierfür sind inzwischen nicht einmal mehr Programmierkenntnisse erforderlich. Inzwischen existieren Homepage-Baukästen, mit denen sich jeder ohne Vorkenntnisse die eigene Seite zusammenstellen kann. Hier kommt dann auch der einzige Punkt, an dem Sie tatsächlich steinreich werden können: Sie benötigen eine zündende Idee, die bisher noch niemand hatte und für die sich alle auf der Welt interessieren. Die Wahrscheinlichkeit besteht also tatsächlich, ist jedoch leider ungefähr genauso groß wie im realen Leben die Möglichkeit, als Tellerwäscher Millionär zu werden.
Lesen Sie nun, wie mit dem Internet ein seriöser Nebenverdienst möglich ist.

Mit Umfragen Geld verdienen

Mit Umfragen lässt sich im Internet ein lukrativer Nebenverdienst erarbeiten. Die Zeiten, als die Interviewer abends von Tür zu Tür liefen sind größtenteils vorbei, für die Meinungsforscher sind Internetumfragen präziser, schneller und preiswerter. Immer mehr Menschen nehmen bereits an Umfragen teil, um sich ein Zusatzeinkommen zu erschaffen. Mit Umfragen kann jeder langfristig gutes Geld verdienen.

Im Internet existieren Dutzende Anbieter von Umfragen, die auf der Suche nach Teilnehmern sind. Umfragen sind meist nach Alters-, Berufs-, und Einkommensgruppen sowie Schuldbildung gruppiert. Da die Meinung aus jeder der Gruppen benötigt wird, kommt auch jeder als Teilnehmer in Frage. Um an diesen Umfragen teilzunehmen ist eine Anmeldung mit Mailadresse auf der Seite des Anbieters erforderlich, eine eigene Webseite benötigt man dafür nicht. Nach der Anmeldung fragt das Meinungsforschungsinstitut weitere Daten zu Ihrer Person ab (Familienstand, Kinder, Wohnen auf dem Land oder in der Stadt).

Nachdem auch diese Fragen beantwortet sind erhalten Sie Umfragen, die zu den von Ihnen angegebenen Kriterien passen und an denen Sie teilnehmen können. Dabei handelt es sich um exakt die Umfragen, auf die die von Ihnen angegebenen Kriterien passen. Diese Umfragen erhalten im Übrigen alle, auf die das zutrifft. Meist wird nur eine bestimmte Anzahl an Umfragen benötigt, ist diese Zahl erreicht, wird die Umfrage geschlossen. Das bedeutet für Sie, dass Sie einerseits nicht verpflichtet sind, an einer Umfrage teilzunehmen und andererseits womöglich nicht mehr teilnehmen können, wenn die benötigte Teilnehmerzahl erreicht ist.

Die Höhe der Vergütung steht fast immer schon vor der Umfrage fest. Wird dann diese Umfrage vollständig und wahrheitsgemäß ausgefüllt und verschickt, erhält der Teilnehmer die angekündigte Vergütung. Wer regelmäßig an solchen Umfragen teilnimmt, kann sich auf diese Weise ohne allzu großen Aufwand ein nettes Zubrot verdienen. Es ist aber auch wirklich nur ein Zubrot, es wird niemandem möglich sein, durch Teilnahme an Umfragen seinen Lebensunterhalt zu bestreiten. Schließlich ist der Verdienst auch davon abhängig, wie viele Umfragen man erhält und wie hoch diese bezahlt werden. Auf jeden Fall gehört die Teilnahme an diesen Umfragen zu den empfehlenswerten seriösen Möglichkeiten im Internet Geld zu verdienen.

bezahlte-umfrage.de

Geld verdienen durch Lesen von Mails

Einige seriöse Anbieter zahlen für das Lesen und Bestätigen von Werbemails, hier sind monatlich Zusatzeinkommen von bis zu 150 Euro möglich. Die Anbieter, die sogenannten Paidmailer, bezahlen ihre Mitglieder für das Lesen und Bestätigen von E-Mails. Bei der kostenlosen Anmeldung auf der Seite des Paidmailers erklärt man sich damit einverstanden, dass dieser Werbemails an das Mitglied senden darf. Im Anschluss erhält das Mitglied regelmäßig Mails. Durch Öffnen und Bestätigen verdient das Mitglied Geld.

Pro gelesener und bestätigter Mail erhalten die Mitglieder eine kleine Vergütung, die von Paidmailer zu Paidmailer unterschiedlich ist. Ein Großteil dieser Paidmailer bietet Bonusaktionen, wie beispielsweise die Möglichkeit zur kostenlosen Teilnahme an Gewinnspielen oder Umfragen, an. Damit wird meist mehr verdient, als mit dem normalen Mailbestätigungen. Bei den Bonusaktionen sind Verdienste bis zu 2 Euro je Aktion möglich.

Das durch die Bestätigungen angesammelte Guthaben befindet sich auf Ihrem Konto des Paidmailers. Nach Erreichen der Auszahlungsgrenze, die sich ebenfalls von Anbieter zu Anbieter unterscheidet, können Sie sich den Geldbetrag auf ihr Paypal- oder Bankkonto anweisen lassen. Grundsätzlich ist die Einrichtung eines Paypal-Kontos zu empfehlen, da Ihr verdientes Geld innerhalb weniger Minuten verfügbar ist. Ein solches Konto kann sich jeder unter seiner Mailadresse kostenlos bei Paypal einrichten.

Bei dem System mit Paidmailern gilt grundsätzlich das Prinzip, dass Sie umso mehr verdienen, je mehr Paidmailer Sie nutzen. Durch das Werben neuer Mitglieder hat jeder die Möglichkeit, seinen Verdienst nicht unerheblich zu erhöhen. Hierzu verfügt jedes Mitglied über einen persönlichen Werbelink, der auf der eigenen Webseite oder in E-Mails eingebunden werden kann. Sobald sich jemand über diesen Link bei dem Paidmailer anmeldet gilt er als von Ihnen in der ersten Ebene geworben und Sie erhalten einen gewissen Prozentsatz dessen, was diese neue Mitglied verdient. Dieser Prozentsatz wird nicht vom Verdienst des Geworbenen einbehalten, Sie erhalten diesen Betrag vom Paidmailer. Wirbt dieses von Ihnen geworbene Mitglied ein weiteres Mitglied, erhalten Sie auch von diesem eine Provision des Umsatzes, allerdings etwas geringer. Dieses System geht mehrere Ebenen tief, sodass es sich auf jeden Fall finanziell lohnt, neue Mitglieder zu werben.

paidmailers.de

Auf der eigenen Webseite für Unternehmen Werbung machen

Eine absolut seriöse Möglichkeit, im Internet Geld zu verdienen bieten Affiliate-Programme. Wenn man seriös und in der Lage ist, eine Webseite mit einem interessanten Thema und vielen Besuchern zu präsentieren, kann man sich mit Affiliate-Programmen einen interessanten und lukrativen Nebenverdienst aufbauen. Im World Wide Web kann man sich für wenig Geld und oft genug sogar kostenlos eine eigen Webseite installieren. Nach der Installation einer solchen Seite ist also der Inhalt von wesentlicher Bedeutung. Nur interessante Seiten wecken die Aufmerksamkeit der Besucher. Sie müssen daher mit einem Inhalt gefüllt werden, der dem Besucher einen Mehrwert bietet. Niemand hat etwas von Internetseiten mit Inhalten, die keinen interessieren. Sehr wichtig ist bei dem Aufbau solcher Seiten, dass nicht mit der Werbung sondern mit dem Inhalt begonnen wird. Es ist schließlich kein Problem, den Platzbedarf für Banner oder Links beim Seitenaufbau zu berücksichtigen. Es sollte jedoch niemals so sein, dass die ersten 1000 Besucher nur Werbung sehen, weil der Inhalt noch nicht fertig gestaltet und erstellt ist. Im Zweifelsfall ist es besser, der Inhalt steht den Besuchern für einen kurzen Zeitraum ohne Werbung, dafür mit Text, zur Verfügung als umgekehrt, da sich beides herumspricht.

Sobald das erledigt ist, muss die Homepage bekannt gemacht werden. Das erreicht man am effektivsten über die Dreifach-Strategie von Anmeldungen in Webkatalogen und Suchmaschinen sowie posten in den sozialen Netzwerken wie Facebook, Twitter und Co.

Während die Aktion zum Bekanntmachen der Webseite läuft, muss man sich um Unternehmen kümmern, für die man bezahlte Werbung auf der eigenen Webseite macht. Im Gegenzug erhalten sie von dem Unternehmen eine Provision für die Einkäufe, die über Ihren Link getätigt werden. Gelegentlich gibt es auch, unabhängig von einem Verkauf, eine Vergütung für jeden Besucher, der die Werbeeinblendung anklickt. Die zur Verfügung stehenden Werbemittel (Banner, Links) werden vom Unternehmen vorgegeben. In aller Regel handelt es sich um vorgegebenen Codes, die jeder ganz einfach auf der eigenen Seite einbinden kann. Um am Affiliate-Marketing teilzunehmen muss man die einzelnen Firmen nicht gesondert heraussuchen und anschreiben. Es existieren in Deutschland rund ein Dutzend Affiliate-Netzwerke. In diesen Netzwerken sind bis zu 2.000 Unternehmen zusammengefasst, die Webseitenbetreiber für Werbeeinblendungen suchen. Nach der kostenlosen Anmeldung bei einem dieser Netzwerke tragen Sie dort Ihre Webseite ein. Im Anschluss wählen Sie die für Sie interessanten Unternehmen aus, für die Sie Werbung machen möchten, diese sollten idealerweise mit dem Inhalt Ihrer Webseite thematisch übereinstimmen. Verzichten Sie also auf Werbung für Kettensägen, wenn Sie eine Seite zum Thema Babys veröffentlichen. Nach dem Eintrag Ihrer Seite auf dem Netzwerk klicken Sie die Unternehmen an, für die Sie Werbung machen möchten. Das Unternehmen erhält automatisch Ihrer Anfrage und kann sich, über Ihren Eintrag, Ihre Seite anschauen und entscheiden, ob diese Seite von dem Unternehmen als Werbeträger akzeptiert wird oder nicht. Sollte es zu einer Zustimmung kommen werden Sie benachrichtigt und können über, die vom Netzwerk zur Verfügung gestellten Codes, die Werbemittel auswählen, die Sie auf Ihrer Seite einbinden möchten. Hierzu finden Sie mehr Informationen weiter unten in einem extra Kapitel.

Blogs sind ebenfalls eine seriöse Verdienstmöglichkeit

In den letzten Jahren erfreut sich das Bloggen immer größerer Beliebtheit. Viele Blogger betreiben ihre Tätigkeit aus purem Hobby. Inzwischen bemühen sich allerdings auch immer mehr professionelle Autoren, sich mit Blogs einen Nebenerwerb zu verschaffen. Dabei zeigt sich, dass Seiten mit gut recherchierten Artikeln durchaus diese Möglichkeit bieten. Das gilt jedoch tatsächlich nur für qualitativ erstklassige Seiten, die noch Informationen bieten, die nicht schon tausendmal auf anderen Seiten veröffentlicht wurden.

Sofern dies zutrifft können Blogger verschiedene Maßnahmen ergreifen, um mit ihrer Seite Geld zu verdienen. So besteht die Möglichkeit, die Seite für Interessenten nur gegen Bezahlung sichtbar zu machen oder Affiliate-Konzepte einzubinden um über die Werbung Provisionen zu generieren. Natürlich ist auch eine Kombination von beidem denk- und machbar.

Blogmarktplätze:

Rankseller

Ranksider

Hallimash

SeedingUp

Affiliate Marketing

Affiliate Marketing ist eine einfache Methode, mit denen Produkte aus dem eigenen Shop auf einer anderen bzw. fremden Website beworben werden. Das geschieht durch direkte Verlinkung des Shops oder des Produktes selbst.

Wer nutzt Affiliate Marketing?

Jeder der einen eigenen Online - Shop oder auch nur eine Website betreibt, kann Affiliate Marketing für sich nutzen. Er profitiert von preiswerter Werbung für seine Auswahl und gewinnt so einen größeren Kundenkreis. Aber auch jeder, der diese Links in seine Website einbaut, gewinnt mit diesen Verlinkungen. Er erhält eine Provision, wenn andere User diese Links benutzen und dann in besagtem Shop auch etwas kaufen.

Was unterscheidet Affiliate Marketing von Bannerwerbung?

Der Unterschied besteht in der Provision. Bei Affiliate Marketing erhält man tatsächlich nur eine Provision, wenn der Shop - Besucher etwas kauft. Das heißt: Ich habe eine eigene Website und baue die Verlinkung zu einem Kosmetikshop ein. Etwa 1000 Leute lesen meine Website, 300 davon klicken auf den Link und 5 Besucher kaufen etwas in dem Shop. Für diese 5 Besucher erhalte ich eine Provision, die vorher mit dem Partnerprogramm vereinbart wurde. Das ist eine relativ leichte und einfache Art und Weise, Geld zu verdienen.

Wie baue ich ein Affiliate Marketing Netzwerk auf?

Ein Merchant, also ein Shopbetreiber, stellt im Rahmen eines Partnerprogramms seinen Shop zur Auswahl. Entscheide ich mich als Website - Betreiber mit diesem Shop eine Partnerschaft einzugehen, baue ich diesen Shop oder ein einzelnes Produkt daraus in meinen Blog ein. Das kann als direkter Link geschehen oder auch mit dem Logo des von mir beworbenen Shops. Klickt nun ein Interessent darauf, besucht den Shop und kauft etwas, erkennt der Link wo der Käufer herkam - also von meiner Website - und ich bekomme meine Provision. Verschiedene Anbieter, wie zum Beispiel Affilinet, haben es sich zur Aufgabe gemacht, als Vermittler zwischen Publishern und Merchant aufzutreten. Mit Hilfe dieser Agenturen wird das eigene Affiliate Marketing um einiges leichter und überschaubarer.

Was sind die verschiedenen Provisionsmodelle?

Es gibt verschiedene Modelle, mit denen man sich die Provision verdienen kann.

- Pay per Click

Bei diesem Modell verdient man bereits eine Provision, wenn ein Besucher auf einen Link oder ein Werbebanner klickt. Dieses Modell wird auch Sponsored Link genannt. Die Vergütung beträgt meist wenige Cent und lohnt sich erst, wenn die eigene Website eine Vielzahl an Besuchern vorweisen kann.

- Pay per Sale

Hier werden die Einkäufe der Besucher des Shops vergütet. Das heißt, klickt einer meiner Besucher auf den eingebauten Link und kauft etwas in dem verlinkten Shop, so bekommt man dafür eine Provision. Diese ist wesentlich höher, als bei der vorhergehenden Variante. Lohnende Partnerprogramme sind hier zum Beispiel große Modehäuser oder Einrichtungshäuser.

- Pay per Lead

Bei diesem Zahlungsmodell muss der Besucher meiner Website direkt mit meinem Partnerprogramm in Kontakt treten. Das kann in Form einer Katalogbestellung oder des Abonnements eines Newsletters sein. Verkäufe sind hier nicht notwendig, um eine Vergütung zu erhalten.

- Pay per View

Das bedeutet, je mehr Besucher meine eigene Website besuchen und dabei das Werbebanner meines Partnerprogramms sehen, umso mehr Provision bekomme ich. Es wird meist ein Betrag pro eintausend Besucher festgelegt. Auch dieses Modell lohnt sich nur, wenn die eigene Website bereits bekannt ist und von vielen Usern frequentiert wird.

Alle diese Zahlungsmodelle können sich finanziell lohnen. Allerdings benötigt man etwas Geduld, wenn man auf den großen Gewinn hofft. Verschiedene Anbieter von Affiliate - Modellen können hier wertvolle Hilfe leisten, damit man bereits zu Anfang einen finanziell recht guten Start hat.

Für Affiliate - Marketing - Einsteiger

Eine Affiliate Website muss in erster Linie ansprechend und interessant sein. Das heißt, dass der Name bzw. das Thema suchmaschinenoptimiert dargestellt werden muss. Das bewirkt, dass bei einer Google - Suche die eigene Website ziemlich weit oben in den Suchergebnissen auftaucht und so natürlich mehr Besucher anlockt. Dann müssen die Gäste natürlich auch auf der Seite bleiben und Texte und Anzeigen lesen. Das erreicht man durch gezielte Keywordsetzung in den Texten und passende Verlinkung zu den Partnerprogrammen. Die Texte müssen für den Leser einen Mehrwert bieten und zum Weiterlesen animieren. Das erreicht man mit einer interessanten Textgestaltung. Absätze, Zwischenüberschriften, Tabellen und Grafiken helfen dabei, die Aufmerksamkeit des Lesers zu fesseln. Auch Fotos und Videos halten die Besucher auf der Seite. In erster Linie entscheidend ist aber das Thema der Website. Man sollte Themen finden, von denen es nur relativ wenige Ziele gibt. Ebenfalls die Installation von Wordpress ist äußerst hilfreich. Wordpress vereinfacht das Arbeiten mit Affiliate - Marketing.

Das Finden der Merchants

Einer der bekanntesten und größten Anbieter auf dem deutschen Markt ist Affilinet. Rund 2500 Advertiser stellen ihre Shops und Produkte für etwa 500000 Publisher zur Verfügung. Außerdem glänzt der Shop durch einen hervorragenden Service für seine User. Die Betreiber der Website stehen ihren Usern mit Rat und Tat zur Seite. Dieser Service erstreckt sich vom Aufbau eines Affiliate Marketing Netzwerks, über die passenden Themen der Website bis hin zu dem Anlocken von einem Maximum an Besuchern. Affilinet hält sich selbst immer auf dem neuesten Stand, was das Kaufverhalten der Bevölkerung betrifft. Das bezieht sich auch auf Trends, neue Tools und eine unbedingte Suchmaschinenoptimierung. Umfangreiche Erfahrungen auf dem Gebiet der Affiliate hilft dem Unternehmen dabei, eine große Transparenz beizubehalten und Betrugsfälle fast vollständig auszuschließen.

Fazit

Um ein Affiliate Marketing Netzwerk aufzubauen, benötigt man eine Website mit einem ansprechenden Inhalt, einen Partner, der hilft Merchants zu finden und vor allem Geduld. Ziel des Affiliate Marketing ist es, Geld zu verdienen - und zwar auf beiden Seiten. Damit sich das für den Publisher aber lohnt, muss dieser bereits einige Websites betreiben, die schon eine gewisse Besucherzahl verfügen oder aber er muss interessante Websites mit einem ansprechenden Inhalt aufbauen. Für gute Texte sollte gesorgt sein, die nicht nur inhaltlich, sondern auch optisch ansprechend sind. Außerdem sollte man sich beraten lassen, welches Provisionsmodell am günstigsten ist. Außerdem sollte man sich mehrere Merchants mit verschiedenen Anliegen suchen. So können beispielsweise ein Werkzeugshop und ein Versicherungsportal auf der gleichen Seite verlinkt werden. Bei dem Werkzeugshop bietet sich die Pay per Sale Variante an, bei der Versicherung das Pay per Klick - Modell. Es gibt unzählige Varianten des Affiliate Marketing. Man sollte sich in jedem Fall von einem Experten beraten lassen, der über die besten Verdienstmöglichkeiten Auskunft geben kann. Besonders lohnend sind übrigens digitale Produkte, hier werden die höchsten Provisionen gezahlt. Bekannte Marktplätze sind Digistore und Affilicon.

Affilinet

Belboon

Digistore

Affilicon

Dropshipping- Handelskonzept der Zukunft

Dieses System ist so einfach wie genial: Vergessen Sie alles, was Sie je über Online-Handel gehört oder gelesen haben und verkaufen Sie Produkte jeder erdenklichen Art im Internet, ohne dafür einen einzigen Euro in Wareneinkauf, -verpackung sowie den -versand zu investieren. Dropshipping (oft auch Streckengeschäft oder Strecken- bzw. Direkthandel genannt) bezeichnet in der Logistik eine neue und besondere Geschäftsform und stellt den modernen Online-Handel komplett auf den Kopf. Mithilfe dieses aus den USA stammenden und mittlerweile bewährten Erfolgskonzepts wurden die Karten im Bezug auf Bestellmodelle im Internet in den letzten Jahren noch einmal vollkommen neu gemischt. Dropshipping erlebt mittlerweile auch in Deutschland einen wahren und zweifellos gerechtfertigten Siegeszug: Einfach in der Umsetzung kann das Verfahren von jedem Einsteiger ohne große Vorkenntnisse und vor allem komplett ohne Startkapital umgehend angewendet werden.

Bereits für viele engagierte Online-Händler stellt Dropshipping wohl das größte Geheimnis Ihres Erfolgs dar. Wer sich heute entschließt, einen Online-Shop mit beliebig umfangreichem Sortiment zu starten und die zahlreichen Möglichkeiten und Chancen dieses einzigartigen Systems versteht, kann es problemlos schaffen, in nur wenigen Monaten zu den bedeutendsten Händlern seiner Branche im Internet zu gehören - und das ohne großes Eigenkapital, ohne Versandkosten und ohne Notwendigkeit in eine Immobilieninvestition für Lager oder Geschäftsräume. Hier eine kurze Beschreibung, wie Dropshipping funktioniert:

Idee und Ablauf von Dropshipping

Dropshipping bezeichnet eine Direktlieferung von einem Dritten (dem Lieferanten) an den Kunden des Händlers. Es unterscheidet sich also insofern vom Lagergeschäft, als dass der Händler bei Letzterem die Lieferung selbst vornimmt. Infolgedessen ist beim Dropshipping kennzeichnend, dass der Händler Ware von seinen Lieferanten erwirbt und diese anschließend an seine Kunden weiterverkauft, ohne jemals physischen Kontakt mit den Produkten zu haben. Dies bedeutet, dass der Online-Händler die Ware erst zu dem Zeitpunkt beim Großhändler erwirbt, sobald ein Endkunde das entsprechende Produkt bestellt hat. Die angeforderte Lieferung der Ware erfolgt dann direkt vom Hersteller oder Großhändler an den Kunden, wobei der Händler trotzdem im Verlauf des Geschäfts zum Eigentümer der Ware wird. Neben der profitablen Einsparung bei Lager- sowie Transportkosten ist sehr oft auch der Wunsch der Kunden, für bestimmte Produktsparten ausschließlich einen Ansprechpartner zu haben, ein bedeutender Vorteil eines Streckengeschäfts.

Modernes Konzept mit großem Potenzial

Verzichten Sie auf finanzielle Investitionen in Einkauf, Verpackung und Versand und bieten Sie Ihre Produkte im eigenen Online-Shop oder auch bei eBay, Amazon oder in Preisvergleichsportalen zum Verkauf an. Statt auf eigenes Risiko sehr große Warenbestände kaufen und zwischenzeitlich lagern zu müssen, können alle angebotenen Artikel beim Großhändler bleiben, bis es zu einer Kundenbestellung kommt und erst dann wird die Ware durch den Großhändler direkt an die Adresse des Endkunden ausgeliefert. Jedes der von Ihnen angebotenen Produkte bleibt bis zum erfolgreichen Verkaufsabschluss im Lager des Großhändlers und wird dann durch diesen verpackt und versendet. Der Online-Händler spielt bei dem physischen Prozess der Auslieferung selbst keine Rolle. Dies ist genau der Grund, warum dieses System eine so große Chance darstellt: Es ermöglicht einen Aufbau großer Sortimente beliebiger Anzahl an Produkten, ohne selbst auch nur ein einziges im Voraus einkaufen zu müssen. Sie können damit wirklich jedes Produkt über das Internet verkaufen, ohne es auf Lager haben zu müssen. Es ist zudem möglich, Ihrer Online-Kundschaft die Bestellware vollkommen neutral verpackt und sogar mit Ihrem individuellen Lieferschein zukommen zu lassen. In allen Fällen zahlt der Endkunde an den Händler, welcher mit dem tatsächlichen Lieferanten abrechnet.

Dropshipping erobert den deutschen Markt

Wie populär Dropshipping mittlerweile ist, zeigt die Tatsache, dass in Deutschland inzwischen bereits knapp 400 Großhändler an diesem System angeschlossen sind. Hierbei handelt es sich sogar um einige der größten und bekanntesten Fachhändler unterschiedlichster Branchen, welche zum Teil mehr als 300 Mitarbeiter beschäftigen und weit über 60.000 Einzelhändler beliefern. Diese seit vielen Jahrzehnten gewachsenen erstklassigen Fachgroßhändler haben insgesamt einen Warenbestand von über 2 Millionen unterschiedlicher Produkte. Beim Kauf eines dieser Artikel geht diese Information an den für den Kunden komplett unsichtbaren Großhändler. Als gut nachvollziehbares Beispiel ist hier die Bestellung von Ersatzteillieferungen zu nennen: Falls Fahrzeugteile benötigt werden, wendet sich der Kunde an den Fahrzeughersteller, welcher die Rechnung stellt. Der tatsächliche Versand erfolgt jedoch von dessen Partner - einem Zulieferer oder Großhändler.

Vorteile des Systems

Neben der geringen Kapitalbindung für den Lagerbestand besteht der größte Vorteil für den Händler im Ausnutzen von Zahlungszielen. Da er seine Einnahmen bei vielen Zahlungsweisen (Kreditkarte, Vorauskasse, Nachnahme etc.) unmittelbar erhält, kann er durch Aushandeln langfristiger Zahlungsziele mit dem Geld arbeiten. Wie bereits erwähnt darf man auch hier die deutlich geringeren Aufwendungen für die Logistik, das heißt für Lagerung sowie das Verpacken und Senden der Ware, nicht vergessen. Dropshipping eignet sich als Konzept sowohl für Einsteiger im Bereich des Online-Handels als auch für bereits etablierte Händler, die großen Wert auf eine möglichst wirtschaftliche und rentable Unternehmensführung legen und es ist mit zahlreichen weiteren Vorteilen verbunden, die kein regulärer Internet-Handel bieten kann: Sie können hunderte Produkte anbieten, ohne diese vorher selbst einkaufen zu müssen. Dies ermöglicht den Betrieb eines riesigen Online-Shops bei gleichzeitig sehr geringem Eigenkapital und direkt von zu Hause aus. Auf Lagerflächen für Ihre Produkte kann verzichtet werden und mit den unnötigen Verpackungs- und Versanddienstleistungen einhergehend können teure Investitionen für Personal komplett entfallen. Bei Bedarf kann die unternehmerische Struktur klein und übersichtlich gestaltet werden und Sie können Ihren Hauptfokus auf die Segmente Marketing und Kundenbetreuung legen, was beim Internethandel eine entscheidende Rolle spielt. Ihr Angebot ist des Weiteren durch Spiegelung der Großhandelssortimente stets aktuell und ein Risiko im Bezug auf Kapitalbindung durch unverkäufliche Produkte ist gänzlich ausgeschlossen.

Gibt es auch Nachteile?

Als möglichen Nachteil kann man anführen, dass der Händler einen wesentlichen Teil seiner Lieferkette beim Dropshipping aus der Hand gibt. Als Folge dessen hat er wenig Einfluss auf Verfügbarkeiten, die Qualität der Verpackung und die Liefertreue des Großhändlers. Die Wahl von vertrauenswürdigen Partnern ist sicherlich bei Anwendung des Konzepts maßgeblich am Unternehmenserfolg beteiligt.

Für den Start gilt: Ein Businessplan ist das A und O
Ob Notebooks, Schmuck, Geschenkartikel oder Musikinstrumente - Wenn es darum geht, wie auch Sie beim Vertrieb das Prinzip des Dropshippings nutzen können, müssen Sie wissen: Es gibt bereits eine sehr hohe Zahl an Herstellern sowie Großhändlern, die angeschlossenen Online-Händlern exakt diesen Service anbietet, ohne

dies an die große Glocke zu hängen. Als Grund hierfür wird meist angeführt, dass man seine nach wie vor konventionell einkaufende Kundschaft nicht verärgern will. Für einen modernen und gut informierten Online-Händler sollten keine sonderlichen Schwierigkeiten darin bestehen, große und attraktive Sortimente zu annähernd jedem Produktbereich auf Basis von Dropshipping zusammenzustellen.
Doch obwohl der Start eines Dropshipping Handelsunternehmens deutlich einfacher verlaufen dürfte als der Aufbau eines konventionellen, sollte man auch hier einige grundlegende Regeln berücksichtigen: Unterschätzen Sie nie die Notwendigkeit einer passenden und aussichtsreichen Geschäftsidee! Legen Sie zunächst genau fest, welche Produkte oder Leistungen Sie anbieten wollen. Um den Markt zu erobern, schadet es nicht, sich bei der Auswahl der künftigen Produktpalette nicht nur an Interessen und Vorlieben der Verbraucherwelt zu orientierenden, sondern sich auch von den eigenen Kenntnissen leiten zu lassen. Als Faustregel gilt: Je besser Sie sich mit Ihrem Geschäftsgegenstand auskennen, desto einfacher wird es Ihnen fallen, die richtigen Entscheidungen zu treffen sowie Ihren Kunden den bestmöglichen und erstklassigen Service zu bieten, den sie erwarten. Konzentrieren Sie sich am Anfang auf die Ausarbeitung eines sorgfältigen Businessplans, um zu ermitteln, ob Ihr Geschäftsmodell wirtschaftlich auch tragfähig ist. Hierzu sollte man sämtliche Kosten auf der einen und alle erwarteten Einnahmen auf der anderen Seite zusammenstellen, um auf rein rechnerische Weise den späteren Geschäftsbetrieb zu simulieren. Sich die Realität schön zu rechnen hat hier keinen Zweck, wenn die Selbstständigkeit für Sie keine Fahrt ins Blaue werden soll!

Lieferanten-Management und erfolgreiches Marketing

Die sorgfältige Auswahl optimaler Hersteller und Großhändler ist für Dropshipping-Unternehmer eine große Herausforderung, denn sie ist maßgeblich am Erfolg oder Misserfolg des Vorhabens beteiligt: Von den ausgesuchten Lieferanten hängt letztlich sowohl die Attraktivität des angebotenen Sortiments sowie die Kundenzufriedenheit mit dem Service ab. Gewöhnen Sie Ihre Partner frühzeitig an eine harte Verhandlungsposition! Denn nur, wenn Sie selbst zu optimalen Konditionen einkaufen, können Sie konkurrenzfähige Preise und ausreichend hohe Unternehmensgewinne erzielen.
Weiteres besonderes Augenmerk muss man auf die Wahl der Schaltzentrale, also der Shop-Plattform, legen, denn hier fließen alle relevanten Informationen zusammen. Im Idealfall kommuniziert das System vollkommen automatisch mit Ihren Lieferanten im Bezug auf neue Artikel und den aktuellen Lagerbestand sowie über eingehende

Bestellungen und den jeweiligen Lieferstatus. Dies spart viel Zeit und Aufwand mit kleinschrittigen Auftragsabwicklungen im Arbeitsalltag und ermöglicht eine weitgehende Konzentration auf einen zentralen Schwerpunkt, der mit Online-Handel einhergeht: Investition in Kundenbetreuung und Vermarktung Ihrer Angebote verhilft Ihrem Unternehmen zu signifikant besseren Ergebnissen. Nutzen Sie diese Chance umfassend und befassen Sie sich mit der Entwicklung eines effektiven Marketing-Konzepts für Ihr Dropshipping-Unternehmen! Dies ermöglicht es, exakt zu steuern, wie viele neue Besucher und potenzielle Kunden auf Ihren Shop aufmerksam werden und welche Umsätze sie schließlich tätigen können.

Weiterführende Links

Welche Hersteller und Großhändler bieten Dropshipping an? Welche Produkte lohnt es sich anzubieten? Was sollte man bei der Wahl von Partnern unbedingt beachten? Viele hilfreiche Informationen bzgl. des Themas Dropshipping und wie sich als Anfänger schnell und unkompliziert starten können, sind im Internet frei zugänglich:

dropshipping.de

dropshipping-grosshandel.de

dropshipping-marktplatz.de

Mehr Traffic in wenigen Tagen - so klappt es!

Traffic ist das A und O im Internet und spielt nicht nur im E-Commerce, sondern auch bei Blogs oder Informationswebsites eine wichtige Rolle. Möchten Sie bei Google schneller auffindbar und damit sichtbarer sein, sollten Sie Ihre Website optimieren und mit der Gestaltung für einen höheren Traffic und damit die steigende Anzahl an Besuchern sorgen. Große und mittelständische Unternehmen nutzen Webagenturen, die ihre Homepage optimieren und so für die Gewinnung neuer Kunden Sorge tragen. Doch Sie müssen nicht primär zu kostenpflichtigen Maßnahmen greifen, da Sie mit wenig Aufwand und geringem Budget nicht minder für eine höhere Bekanntheit und Akzeptanz Ihrer Website sorgen können.

Diese Tipps werden Ihre Sichtbarkeit innerhalb kurzer Zeit erhöhen und für eine konstante Traffic Steigerung sorgen. Dabei ist es wichtig, dass Sie die Maßnahmen nicht als kurzfristige Aufgabe betrachten und bei der Traffic Erhöhung auf lange Sicht denken. Wie das Sprichwort der Schwalbe, die noch keinen Sommer macht, besagt, ist auch ein kurzzeitiger Hype um Ihre Website noch kein Garant für den konstanten Erfolg. Ehe Sie überhaupt beginnen, definieren Sie Ihre Ziele und gestalten mit dieser Erkenntnis ein Konzept. Was wollen Sie erreichen und welche Maßnahmen sind dafür geeignet? Die Antwort auf Ihre Zielsetzung geben Sie sich selbst, die Antwort zu den Strategien für eine höhere Sichtbarkeit und Bekanntheit finden Sie hier.

Planen Sie Ihren Traffic

Sicherlich ist jeder neue Besucher auf Ihrer Website eine Chance, vom einmaligen Besucher zum Stammkunden zu werden. Um die richtigen Maßnahmen und Strategien zu planen, sollten Sie sich vorab über die Unterschiede beim Traffic informieren. Masse bringt Ihnen zwar eine steigende Anzahl an Besuchern, trägt aber keinerlei Anteil an einem höheren Umsatz. Wichtig ist, dass Sie die richtige Zielgruppe ansprechen und diese für sich und Ihr Projekt gewinnen. Daher ist es von primärer Bedeutung, dass Sie bei allen Strategien auf Klasse statt Masse setzen und ein Konzept entwickeln, dass Ihre Zielgruppe überzeugt und einen regen Besucherstrom generiert.

Prüfen Sie Ihre Website, das Blog oder Ihre Präsenz im Web und betrachten Sie die Inhalte kritisch. Würden Sie in Ihrem Projekt einen Mehrwert erkennen, wenn Sie nicht als Webmaster, sondern als Besucher auf Ihre Seite blicken? Können Sie diese Frage bejahen, steht einer Steigerung des Traffic nichts im Wege und Sie haben die Basis geschaffen, auf der Sie aufbauen und an der Sie sich orientieren können. Nun prüfen Sie, was Sie bisher im Bereich SEO und Online Marketing getan haben und ob alle vorhandenen Ressourcen optimal genutzt wurden. Ist dies der Fall, können Sie sich ein klares Ziel setzen und zum Controlling eine monatliche Überprüfung durchführen.

Zielgruppenforschung und Lead Generierung

Um Ihre Zielgruppe zu erreichen, müssen Sie deren Bedürfnisse und Ansprüche, deren Interessen und Fokussierungen genau kennen. Es lohnt sich, auf Zielgruppenforschung zu gehen und mit Interessierten in Kontakt zu treten. Sammeln Sie möglichst viele Erkenntnisse und stellen Vergleiche zu anderen themenrelevanten Blogs oder Websites an. Im nächsten Punkt ist es wichtig, den Content zu entwickeln und dabei mit zahlreichen News und interessanten Fakten aufzuwarten. Wer dort aktiv ist, wo sich die Zielgruppe aufhält und nach Informationen sucht, wird in kurzer Zeit viele neue und wirklich interessierte Besucher auf seiner Website begrüßen können. Gleichgesinnte finden Sie in Foren und Communitys, im sozialen Netzwerk und auf verschiedenen Plattformen mit gleichen oder ähnlichen Themen. Ihre Aktivität zahlt sich aus. Wer viel schreibt und sich an Diskussionen beteiligt, dabei auf die Hochwertigkeit und Richtigkeit seiner Informationen achtet und dem Leser einen echten Mehrwert schafft, wird seine Aktivität im Web nicht umsonst vornehmen und kann einen höheren Traffic durch seine Beteiligung außerhalb seiner eigenen Site steigern.

Kontinuität und Konsequenz

Sicherlich ist es nicht immer einfach, in regelmäßigen Abständen interessante Fakten zu liefern und immer mit Neuigkeiten zu begeistern. Da die Regelmäßigkeit für die Zielgruppe aber von großer Bedeutung ist und auch die Qualität des Contents Einfluss auf den Traffic nimmt, sollten Sie gut vorbereitet in Ihr Projekt einsteigen. Sie können vorab einige Themenbereiche notieren und diese aufgreifen, wenn die Zeit für einen neuen Beitrag gekommen ist. Sie müssen nicht täglich News liefern und Ihre Besucher damit überfordern. Auch wenn sich der Enthusiasmus der täglichen Veröffentlichung in der Anfangszeit lohnt und sehr schnell neue Besucher auf Ihre Website lockt, werden Sie dieses Tempo nicht mit Konstanz halten und so auf die gewohnte Regelmäßigkeit verzichten müssen. Starten Sie am besten direkt mit einer klaren Zielsetzung, dass Sie zum Beispiel wöchentlich 2 oder 4 neue Beiträge veröffentlichen und halten sich konstant an diese Richtlinie. Das gilt nicht nur für Ihre eigene Website, sondern vor allem auch bei Veröffentlichungen auf Plattformen oder im Social Network.

Ihren Artikel können Sie nicht nur im eigenen Themenbereich, sondern auch angereichert mit aktuellen Themen aus Gesellschaft und Medien veröffentlichen. Diese Option schafft viel Spielraum und sorgt, wie Experten bestätigen, für besonders interessanten Content und das erleichterte Schreiben im regelmäßigen Abstand.

Geduld und Leidenschaft für die Arbeit

Zum einen möchten Sie schnell eine höhere Besucherzahl begrüßen, zum anderen möchten Sie die Besucher auf der Website halten und als konstante Stammnutzer begrüßen. Um dieses Ziel zu erreichen, sollten Sie sich kleinere Ziele in Etappen stecken und nicht zu viel verlangen. Stecken Sie Ihren Anspruch zu hoch, ist die Enttäuschung nicht selten die Folge und kann sich auf Ihre Motivation auswirken. Mit Geduld und regelmäßiger Traffic Überprüfung durch Monitoring werden Sie Ihre Ziele erreichen und nicht lange auf mehr Akzeptanz und Bekanntheit warten müssen. Nur was Ihnen Freude bereitet, wird tatsächlich gelingen und in der Textgestaltung Leidenschaft und Passion erkennen lassen. Ein mitreißender Schreibstil, gepaart mit sprachlich hoher Qualität und interessanten Inhalten sind die Basis für eine Steigerung Ihres Traffic und bilden die Grundlage dafür, dass Besucher nicht nur einmalig, sondern regelmäßig auf Ihrer Website zu Gast sind. Leidenschaftliche Schreiber erzielen im Internet den größten Erfolg und können den Leser viel eher fesseln und mitreißen, als es ein Texter mit wenig Passion realisiert.

SEO und Marketing ohne Agentur

Sehen und gesehen werden ist ein wichtiger Faktor im Internet und spielt bei der Gewinnung neuer Besucher und somit bei der Traffic Steigerung die Hauptrolle. Für effektive Suchmaschinenoptimierung muss nicht unbedingt eine Werbeagentur bezahlt werden. Denn es gibt viele kostenlose Möglichkeiten, die SEO zu perfektionieren. Bereits beim Webdesign wird der Grundstein zur Suchmaschinenoptimierung gelegt. Ein modernes, funktionales und auch über mobile Endgeräte abrufbares Design ist zu bevorzugen. Weiter sollte der Content mit Keywords und deren Synonymen angereichert werden. Natürliche Linkbildung, sowie Verlinkungen aus Blogs oder Communitys, aus sozialen Netzwerken und Foren heraus erhöht die Bekanntheit zusätzlich und sollte in der SEO einbezogen sein. Je aktiver man im Netz ist, umso mehr Gleichgesinnte lernt man kennen und umso mehr Besucher kann man durch Empfehlungen und Verlinkungen auf sein Website leiten.

Wenn der hohe Traffic nicht länger nur ein Wunsch bleiben soll, gibt es verschiedene Strategien und Maßnahmen ganz ohne finanziellen Aufwand. Auch Affiliate Programme haben sich bewährt und können ein vorteilhafter Start in die konstant steigende Bekanntheit sein. Aktivität und ein seriöses Image sind eine Grundlage für den Online Erfolg und machen aufmerksam. Haben Sie die Aufmerksamkeit erzielt, müssen Sie Ihre Zielgruppe begeistern und ihr einen Anlass zum Besuch der Website liefern. Dies sind zu gleichen Teilen der Mehrwert durch hochwertigen Content, wie das Alleinstellungsmerkmal zur klaren Abgrenzung von Mitbewerbern und inhaltsgleich veröffentlichten Homepages.

SEO

SEO steht für search engine optimization - Suchmaschinenoptimierung. Das wird durch das gezielte Setzen von Keywords in Beschreibungstexten von Websites bewirkt. Dadurch taucht die gesuchte Website so weit oben wie möglich in den Suchergebnissen auf.

Was kann man selbst tun?

Um die eigene Website bekannt zu machen, ist ein gutes Ranking in den Suchergebnissen unerlässlich. Bereits beim Erstellen der eigenen Website sollte man darauf achten, möglichst viele zu einem bestimmten Thema passende Keywords in dem Begrüßungstext bzw. der Startseite unterzubringen. Beim Erstellen der Website sind als HTML - Standards einzuhalten, um optimale Suchergebnisse zu erreichen. Dazu gehören unter anderem Metasubtitles, die den Inhalt der Website kurz und zusammenfassend beschreiben. Auch Bildbeschreibungen, die Beschreibung und Untertitel von Grafiken können helfen, ein gutes Ranking zu erreichen. Frei zugängliche Keywordlisten vereinfachen die Auswahl der verwendeten Worte. In diesen Listen wird auch angezeigt, welcher Begriff zu einem bestimmten Thema wie oft in der Vergangenheit aufgerufen wurde. Diese Listen sollte man in jedem Fall nutzen und die entsprechenden Keywords im Text verteilen. Außerdem ist es hilfreich, die eigene Website in mehrere Unterseiten aufzuteilen. Das ermöglicht eine höhere Keyworddichte und -auswahl. Im Normalfall wird eine Website für ein bis drei Keywords optimiert. Bei umfangreichen Themen werden die Seiten in mehrere Seiten aufgesplittet. In diesem Fall benutzt man eine Landing - Page, um möglichst viele Besucher auf die Unterseiten aufmerksam zu machen. Ein weiterer Schritt zu optimalen Suchergebnissen ist ein ständiges Ändern und Optimieren der Website. So können Keywords ausgetauscht und durch andere, häufigere Suchbegriffe ersetzt werden. Das Verhalten der Öffentlichkeit und somit auch die Relevanz für verschiedene Begriffe ändert sich ständig, so dass man mit seiner Website immer auf dem Laufenden bleiben sollte.

Die OffPage - Optimierung

Bei dieser Methode der Suchmaschinenoptimierung bedient man sich bereits optimierter Websites. Dazu kann man sich mit den Betreibern bekannter und oft besuchter Websites in Verbindung setzen und ein Affiliate vereinbaren. Dafür zahlt man eine kleine Provision an den Betreiber der ursprünglichen Website.

Eine einfache URL

Man sollte für seine Website eine einfache und leicht verständliche URL verwenden, die in direktem Zusammenhang mit dem Inhalt der Website steht. Das macht es für die einzelnen Suchmaschinen einfacher, die URL und den Zusammenhang zum Inhalt der Website zu erkennen. Außerdem können sich einfache URLs leichter gemerkt oder schnell aufgeschrieben werden. Außerdem sollte man keine Länderkennung mit einbeziehen außer .de. Ebenfalls möglich sind .com oder .eu. Andere Länderkennungen schrecken mögliche Besucher eher ab.

Brotkrumen - Navigation

Das klingt eigenartig, ist aber im Grund das Prinzip jeder gewöhnlichen Website. Normalerweise gelangt man direkt nach der Suche auf die Startseite eines Shops oder ähnliches. Stellen Sie sich einen Online - Shop für Bekleidung vor. Man gelangt also auf die Startseite. Dort findet man verschiedene Schaltflächen für zum Beispiel Damen, Herren, Kinder, Kontakt, FAQ und so weiter. Diese können nun angeklickt werden. Wenn man aber in die Suche eingibt Bekleidung Herren, wird man direkt auf die betreffende Unterseite geleitet. Das sind die sogenannten Brotkrumen, da der Pfad ganz einfach verfolgt werden kann.

Website für die Besucher

Sehr hilfreich, um den Bekanntheitsgrad Ihrer Website zu steigern, ist die Beteiligung der Besucher an der Gestaltung der Website. Dabei hilft die Einrichtung eines Forums. Dort können Meinungen, Bilder, Videos oder ähnliches veröffentlicht werden. Ermöglichen Sie auch die Bewertung von verschiedenen Beiträgen oder Produkten. Die Leute sprechen über Dinge zu denen sie ihre Meinung äußern konnten. Außerdem hilft eine Verlinkung zu sozialen Netzwerken. Facebook, Twitter und Co. sind zwar keine Suchmaschinen im eigentlichen Sinn, aber sie tragen entscheidend zur Bekanntmachung Ihrer Website bei. Dort können interessante Inhalte geteilt werden, was deutlich mehr Besucher auf Ihre Website lockt.

Spam verhindern

Nichts ist schlimmer, als wenn die Website mit Spam - Nachrichten und - Kommentaren zugemüllt wird. Sogenannte "nofollow" Programme verhindern das. Die Erkennung erfolgt automatisch. Sie können aber auch verschiedene Merkmale für unerwünschte Kommentare festlegen. Sorgen Sie aber trotzdem dafür, dass Sie für Ihre Leserschaft erreichbar sind. Die Leser benötigen einen Ansprechpartner, an den sie sich wenden können. Das muss nicht zwingend telefonisch möglich sein. Das Beantworten von E-Mails ist ebenso eine Form der Kontaktaufnahme, die von vielen sogar bevorzugt wird. Das zeigt den Besuchern Ihrer Website, dass Sie an deren Belangen interessiert sind. Das wiederum gibt ein Gesprächsthema, in dem über Ihre Website gesprochen wird und Sie somit wieder Leser gewinnen.

Fazit

Wer eine eigene Website einrichtet, ist darauf bedacht, dass möglichst viele Menschen diese besuchen. Dabei spielt es keine Rolle, ob es sich um einen Ratgeber, einen Online - Shop oder eine Sammlung von Kommentaren und Beiträgen handelt. Damit ein breites Publikum in den Genuss der veröffentlichten Inhalte kommt, ist eine Suchmaschinenoptimierung notwendig. Diese ermöglicht, dass die eigene Website möglichst weit oben im Ranking der Suchergebnisse landet. Das erreicht man, indem man HTML - Grundlagen beachtet und gezielte Keywords für das Thema seiner Seite wählt. Das Thema der Website sollte interessant und außergewöhnlich sein und die Texte sollten dem Leser einen Mehrwert bieten. Für die Texte werden gezielt Wörter verwendet, die ein anderer Benutzer wählen würde, wenn er sich genau über das Thema informieren möchte, welches auf der Website behandelt wird. Diese müssen nicht zwingend grammatikalisch richtig in den Text eingebaut sein. Die Suchmaschine interessiert es wenig, ob Sie die Regeln der Grammatik beachtet haben. Doch SEO, die Suchmaschinenoptimierung, ist nur der halbe Weg zu einer erfolgreichen Webpräsenz. Die Verlinkung zu anderen Websites oder zu sozialen Netzwerken, wie Facebook und Twitter ist mindestens genauso wichtig, um sich im Netz zu zeigen und bekannt zu werden. Dort können wichtige Inhalte geteilt und somit einem breiteren Publikum zugänglich gemacht werden. Eine Website ist oft dazu da, online Geld zu verdienen. Nutzen Sie diese Chance, indem Sie Publisher werden und damit Provisionen mit Verlinkungen zu anderen Websites verdienen. Oder eröffnen Sie einen Online - Shop und bieten Sie alles an, was Sie nicht mehr brauchen können. Sie können aber auch ein Forum in Ihre Website einbauen, in dem die Besucher ihre Meinung und Vorschläge zu unterschiedlichen Themen äußern können. Das Wichtigste jedoch ist, dass Ihre Website interessante Inhalte bietet, mit denen Sie eine breite Leserschaft anlocken und auch halten können. Eine ständige Aktualisierung der Inhalte und Keywords hilf dabei, die Seite am Leben zu erhalten.

Outsourcing Diensleistungen - Jobs der Zukunft

Die Jobwelt ist im Wandel und bietet für Arbeitgeber und Dienstleister jede Menge Vorteile. Seit es das Internet gibt, hat sich im Bereich der Minijobs einiges getan. Die Firmen haben erkannt, dass es in manchen Fällen sinnvoller ist, gewisse Arbeiten an andere Menschen abzugeben. Beispielsweise: Es werden einfache Artikelbeschreibungen für einen Onlineshop gesucht. Die eigenen Mitarbeiter haben entweder kein Schreibtalent oder keine Zeit für diese Nebenaufgabe. Der Unternehmen kann sich nun an Outsourcing Dienstleister wenden und dort passende Personen finden, die diese Arbeit für einen übernehmen. Der Vorteil für das Unternehmen ist, dass sie nur die Dienstleistung einmalig bezalen müssen und kein weiteres Angestelltengehalt von Nöten ist.

Ebenso profitieren Dienstleister davon, weil sie sich nebenbei etwas dazuverdienen oder unabhängig von der ganzen Welt aus arbeiten können. Natürlich könnte der Chef auch einen Profi Journalisten dafür anheuern, dieser würde aber in der Regel das Budget sprengen. Andere Schreibtalente freuen sich darüber, wenn sie 5 Euro für einfache Artikelbeschreibungen erhalten. Schließlich gehen diese schnell von der Hand und es ist selten viel Recherche nötig. Dennoch sollte der Dienstgeber fair agieren und bezahlen. Ein professioneller Fachtext hat seinen Preis und darf nicht mit einfachen Blogtexten verglichen werden.

Outsourcing Dienstleister boomen

Da immer mehr Menschen im Internet Arbeit suchen und es schließlich genug zu tun gibt, wird sich in diesem Bereich noch einiges tun. Neben dem Texten gibt es noch andere Tätigkeiten, die sich im Web realisieren lassen. Beispielsweise Adressen recherchieren, Korrekturen übernehmen, Bilder bearbeiten, Videos erstellen und viele andere kreative wie auch praktische Tätigkeiten. Es gibt viele Foren, wo Dienstleister nach Aufträgen suchen und umgekehrt. Einige verlangen eine Provision, andere ermöglichen eine Gratisschaltung. Dann gibt es auch Portale, wo die Abrechnung direkt über den Outsourcing Dienstleister übernommen wird. Das bedeutet Sicherheit für beide Seiten. Bei Differenzen können sich beide Parteien an den Support wenden, der im Endeffekt schlichtet.

Content.de

Wer Texte für Blogs, Onlineshops und Co sucht, wird bei Content.de optimal bedient. Es gibt unterschiedliche Qualitätsstufen und die Preise liegen im Rahmen. Unternehmen profitieren von dem großen Texterpool. Wird ein Auftrag eingestellt, wird dieser meistens rasch erledigt. Wer mit einem Texter zufrieden ist, kann diesen in Zukunft auch direkt auf Content.de mit Aufträgen beglücken. Auch die Texter erhalten bei Content einen tollen Service. Sie können sich ihr Guthaben täglich ab 10 Euro auszahlen lassen. Der Support ist freundlich und fair.

Machdudas.de

Diese Seite beschäftigt sich nicht ausschließlich mit Textern, sondern mit jeglichen Minijobs. Vom Umzugshelfer bis zum Grafikdesigner. Es gibt immer viele Angebote auf dieser Seite, nur leider ist die Konkurrenz teilweise groß. Wird ein Job ausgeschrieben, können die Jobber Preisvorschläge machen und jener, der den Zuschlag erhält, muss 3 Euro Vermittlungsgebühr bezahlen. Somit lohnt sich der Job nur, wenn es auch mehr zu verdienen gibt. Bei einem 3 Euro Text wäre es eher ein Verlustgeschäft. Wer Zeit und Geduld hat, kann bei Machdudas.de doch einiges verdienen.

Seojobboerse.de

Wer Personen sucht, die sich in Sachen SEO gut auskennen, sollte bei der Seojobboerse.de vorbeisurfen. Dort gibt es Profis, wie auch Studenten, die Jobs suchen und anbieten. Diese Seite ist eher für Entwickler gedacht, die mühsame Suchmaschinen Optimierung auslagern wollen und Profis suchen, die einem generell helfen. Nur anzumerken, guter SEO kostet in der Regel viel Geld. Deswegen sollte man sich vor manchen Anzeigen hüten. Aussagen wie "Platz 1 in einer Woche" können nicht garantiert werden, weil SEO komplex ist und es keine Garantien gibt.

fiverr.com

Wer ein "Machdudas" im internationalen Bereich sucht, checkt am besten die Seite fiverr.com, wo es ebenso Texter, Grafikdesigner, Programmier und Co gibt, die einem das Leben leichter machen. Wer beispielsweise englischsprachigen Content benötigt, wendet sich eher an so eine Seite. Native Speaker sind schneller und auch sicherer in ihrer Sprache. Bei uns würden fremdsprachige Texte um einiges mehr kosten. Deswegen lohnt es sich manchmal auch, in anderen Ländern und Börsen zu gucken.

Outsourcing privat vermitteln

Neben den vielen Outsourcing Dienstleister Agenturen gibt es auch noch viele Personen, die privat Aufträge suchen. Manchmal ergibt sich die Zusammenarbeit über die Portale, andere inserieren in Jobbörsen oder auch in Webmasterforen. Hier sollten sich beide Seiten gut absichern, weil es leider auch schwarze Schafe auf diesem Gebiet gibt. Es gibt Unternehmer die Texter suchen und diese am Ende nicht bezahlen. Wiederum gibt es Texter, die Text Spinning betreiben oder Content klauen. Vertrauen ist gut, Kontrolle ist besser. Der Trend geht immer mehr in diese Richtung, weil viele Designer und Texter nicht nur zuhause arbeiten möchten, sondern auch am Strand oder zwischendurch in der Bahn.

Unternehmen ersparen sich nicht nur Zeit und Geld, sondern machen auch vielen Dienstleistern eine Freude, dass diese den Traum von unabhängigen Leben wirklich leben können. Nur eins sollte niemand vergessen - Qualität hat ihren Preis, deswegen sollte die Bezahlung immer fair bleiben. Nicht jeder textet nebenbei, sondern muss davon auch seine Steuer und Krankenkasse bezahlen. Deswegen sollte sich jedes Unternehmen vorab fragen, ob man selbst für diesen oder jenen Preis arbeiten würde. Faires Outsourcing hat jedoch Zukunft und belebt die Wirtschaft.

Gut organisiert im Home Office

Viele Leute träumen von zu Hause ganz bequem zu arbeiten. Allerdings wenn es dazu kommt, kommen viele Schwierigkeiten auf einen zu, wenn die Zeit nicht passend eingeplant wird. Die Arbeitnehmer bekommen viel Freiheit bei der Arbeit im Home Office und finden sich nicht sofort zu Recht. Dies kann sich negativ auf die Arbeit auswirken. Damit dies nicht geschieht, sollte man einige Tipps und Tricks befolgen, damit diese Art der Arbeit nicht zum Verhängnis wird.

Die richtige Organisation ist die halbe Arbeit

Die Tatsache, dass hinter dem Nacken kein Chef steht, klingt für die meisten Arbeitnehmer als ein interessanter Gedanke. Damit bei der Arbeit im Home Office alles klappt muss ein Plan gemacht werden. Ohne einen festen Plan ist man sehr schnell verloren und die Arbeit leidet darunter. Ein Vorteil der Arbeit ist, dass man zwischen den eigenen vier Wänden arbeitet und immer nah an der Familie ist, ohne dass einen der Chef oder die Kollegen in den Wahnsinn treiben. Dies hört sich sofort gut an und ist der Traum vieler Arbeitnehmer. Allerdings ist dass, was für manche als ein Traum kling in der Wirklichkeit eine Arbeit mit mehr Schatten als positiven Seiten. Das Verhängnis der Arbeiter im Home Office sind die Arbeitszeiten, die nicht geregelt sind und die zahlreichen Ablenkungen, die im Eigenheim bei der Arbeit stören. Nach kurzer Zeit kann es passieren, dass man sich wieder nach dem Arbeitsplatz im Büro sehnt. Wenn man aber zu den Leuten gehört, die hartnäckig gegen die Schattenseiten dieser Arbeit kämpfen, kann man alles unter einen Hut bringen.

Die Zeiteinteilung

Damit die Arbeit nicht zu einer Last wird, sollten Sie die Arbeitszeit regeln und sollten sich auch zu Hause Grenzen setzen. In erster Linie sollte man an sich selbst denken und wissen, wann auch Feierabend ist. Ein optimales Zeitmanagement löst dieses Problem und sorgt dafür, dass sowohl die Arbeit erledigt wird, als auch Zeit für Hobbys und die Familie übrig bleibt. Arbeitnehmer, die sich für das Home Office entscheiden, stoßen an Ablenkungen, wie zum Beispiel an das freie Surfen im Internet, die Anwesenden im Haushalt oder der Fernseher. Ein starker Wille umgeht diese Ablenkungen und schafft mit einer strengen Zeit- und Arbeitseinteilung eine klare Übersicht. Die Arbeit im Home Office kann die Produktivität steigen und die Arbeitnehmer dazu neigen, dass sie mehr Arbeit in der gewohnten Umgebung erledigen, als es der Fall im Büro ist. Da im Home Office mehr Ruhe, als im Büro herrscht, kann die Arbeit erfolgreicher und schneller erledigt werden. Da der Weg zur Arbeit gespart wird, wird in dieser Hinsicht auch viel Zeit gespart. Diese Zeit kann wiederum in die Arbeit investiert werden und das Resultat ist, dass die Arbeit früher bereitgestellt und erledigt wird. Die zeitliche Flexibilität darf nicht zum Verhängnis werden und der Arbeitnehmer muss sich darum kümmern die Arbeit und die privaten Pflichten unter einen Hut zu bekommen. Ein fester Plan, der vor jedem Arbeitstag gestaltet wird, kann Hilfe verschaffen. Wenn man als Arbeiter im Home Office die Arbeit nach Zeitplan einteilt und sich Pausen zwischendurch einplant, kann die Arbeit effektiver erledigt werden.

Die Pausen sind sehr wichtig und deswegen gehören sie zu der Planung dazu. Trotz der Tatsache, dass man im Home Office arbeitet, muss zwischendurch eine Pause eingelegt werden. Die Pause dient dazu neue Kraft für neue und kraftraubende Aufgaben zu schöpfen. Diese Zeit kann für eine vollkommene und lange Kaffee- oder Rauchpause oder für das Essen genutzt werden. Auch im Home Office muss eine Zeit für sich geschaffen werden. Im Gegenteil kann es dazu kommen, dass man schnell müde wird und unproduktiv wird. Eine vorgegebene Struktur kann man selber erstellen, indem man einen Plan mit Zeitangabe macht. Auf diese Weise weiß man genau wann man mit der Arbeit anfängt und wann und wie lange die Pause dauert. Viele Home Office Arbeiter überfordern sich selber, indem sie ihre Zeit nicht einteilen und die Arbeit somit bis spät in die Nacht geschoben wird. Nach einer durchgearbeiteten Nacht merkt man schnell, dass man einen Fehler gemacht hat und dass ein Plan her muss. Das Home Office bedeutet nicht, dass man aufstehen kann wann man möchte und die Arbeitszeit jeweils zwei bis drei Stunden dauert. Die geregelte Arbeitszeit ist sollte auch im Interesse des Arbeitnehmers sein. Dank der Regelung weiß man genau wann Feierabend ist und die Arbeit auf die Seite gestellt wird.

Die Organisation des Arbeitsumfeldes

Die Arbeit im Home Office ist nicht mit einer optimalen Zeitplanung verbunden. Auch der Arbeitsraum sollte den Aufgaben entsprechen und der Arbeitnehmer die Zimmer separieren. Als Arbeiter im Home Office kann man schnell von Ablenkungen aus dem Haushalt durcheinander gebracht werden. Damit dies umgangen wird, muss eine Grenze zwischen dem Arbeitsumfeld und der Rest der Wohnung geschaffen werden. Dank dieser Tatsache wissen auch die Mitbewohner Bescheid, dass man gerade keine Zeit hat und sich mit der Arbeit beschäftigt. Um desto produktiver zu sein, muss ein ruhiger Raum gewählt werden. Am besten ist es, wenn der Raum fern weg von Verkehr ist. Auch eine Tür, die den Arbeitsbereich von der privaten Umgebung trennt, ist empfehlenswert. Ein entsprechender Arbeitsraum, der ruhig ist, kann dafür sorgen, dass man sich gut konzentrieren kann. Auch eine gute Ausstattung ist im Arbeitsbereich die halbe Arbeit. Zu den wichtigsten Dingen im Home Office gehören perfekte technische Geräte, die einen nicht im Stich lassen. Ein guter Internetanschluss muss bei der Arbeit im Eigenheim vorhanden sein, damit die Arbeit effektiv erledigt werden kann. Dazu gehört auch ein Telefon mit einem zuverlässigen Akku und professionelles Headset, um den Job zu Hause zu erleichtern. Die Arbeitslust und der Erfolg bei der Erledigung der Arbeit hängt von diesen technischen Geräten ab. Damit man selber die Arbeit genießt und nicht schnell überfordert wird, muss ein vernünftiger Arbeitsstuhl her. Ein bequemer Arbeitsstuhl oder Bürostuhl sorgt dafür, dass man lange sitzen kann und die Arbeit ungestört erledigen werden kann.

Eine Denknische für mehr Inspiration

Damit nach einigen Stunden die Arbeit nicht zu langweilig wird und man die Psyche im Griff hat, kann eine Denknische errichtet werden. Die Nische kann mit bunten Kissen, einem Sofa oder mit einem Tisch und frischen Blumen eingerichtet werden. Mit nur einen Blick auf diese Nische fühlt man sich auch während der Arbeit wohl und gelassen. Dank der richtigen Einrichtung kann eine Kaffeepause zwischendurch entspannt gestartet werden. Achten Sie allerdings darauf, dass der Arbeitsraum nicht überfrachtet wird. Ein zugestellter Raum sorgt dafür, dass man sich eingeengt fühlt und den Überblick verliert. Die Gedanken können nur in einem optimal eingerichteten Raum für eine produktive Zeit genutzt werden. Auch ausreichend Licht ist ein wichtiges Merkmal, dass für eine angenehme Arbeitsatmosphäre sorgt. Dazu dienen Tageslichtlampen und direkte Sonnenstrahlen, die ein bequemes Ambiente gestalten. Die optimale Dosis der Beleuchtung kann die Arbeit positiv beeinflussen. Neben der passenden Einrichtung, einem perfekten Zeitplan und der optimalen Beleuchtung sorgen auch passende Düfte für eine effektive Arbeit im Home Office. Wenn man mit Düften experimentiert, kann man die Gedanken lenken und einen wohlfühlenden Ort für die Arbeit schaffen. Da sich die Düfte direkt auf das Gehirn auswirken, sollte ein leichter und frischer Duft für den Raum gewählt werden. Zu aggressive Düfte beeinträchtigen die Arbeit und sorgen für Kopfschmerzen, was sich auf die Arbeit im Home Office negativ auswirken kann. Ein leichter Hauch einer Duftkerze oder Duftstäbchen fördern die Konzentration und die Leistungsfähigkeit. Düfte wie Ylang-Ylang, Pfefferminze oder Vanille wirken sich positiv auf den Geist aus.

Ordnung muss sein

Um effektiv zu arbeiten, muss man ab und zu den Raum putzen und den Überblick behalten. Ein ordentlicher Raum inspiriert den Benutzer zusätzlich und wirkt sich positiv auf die Produktivität aus. Eine Neuordnung kann auch helfen, damit man sich in der Arbeitsumgebung wohlfühlt und erfolgreich mit jeder Aufgabe umgehen kann. Mit kleinen Tricks lassen sich auch kleine Ecke inspirierend einrichten. Dazu fehlen nur ein wenig Mut und viel Kreativität. Ein zu grauer Arbeitsraum und eine langweilige Umgebung beeinträchtigen die Arbeit. Gerade deswegen sollte man bei der Einrichtung auf jedes Detail achten, damit man sich auch während der Arbeit wohlfühlt.

Die Einstellung zählt

Damit man nicht in zwischen dem privaten und beruflichen Leben verloren geht, sollten Gewohnheiten geschaffen werden. Eine gute Organisation der Arbeit ist das A und O bei der Arbeit im Home Office. Allerdings sollte man auch auf sich selber achten. Trotz der Tatsache, dass man zu Hause arbeitet, muss man immer frisch geduscht, rasiert und optimal gekleidet sein. Eine Pyjama ist auch nicht zu Hause wünschenswert, weil die Pyjama schnell zum Verhängnis werden kann. Das private muss von dem beruflichen getrennt werden. Die flauschige Pyjama ist kein Zeichen dafür, dass man die Arbeit professionell erledigen kann. Bei dem Anblick kann der Arbeitnehmer schnell auf den Gedanken kommen, dass er wieder ins Bett geht. Sobald Sie Aufstehen, sollten Sie sofort loslegen und keine Zeit verlieren. Je eher man mit der Arbeit anfängt, desto früher kann man Feierabend machen.

Die Arbeit im Home Office ist mit vielen Vorteilen, aber auch Nachteilen verbunden. Wenn Sie allerdings diese Tipps und Tricks befolgen, kann die Arbeit im Home Office nur klappen. Die Produktivität hängt von der Einstellung ab und der Art, wie Sie mit der neuen Arbeitsumgebung umgehen.

Zum Schluss nochmal ein letzter Hinweis: Fangen Sie jetzt an! Ein besserer Zeitpunkt wird nicht kommen. Und wenn die ersten Euros verdient sind, wird das einen wahren Motivationsschub auslösen.

Viel Erfolg!

Übersicht der Links

Ebook Shop

Zusatz-Verdienst.info

bezahlte-umfrage.de

paidmailers.de

Rankseller

Ranksider

Hallimash

SeedingUp

Affilinet

Belboon

Digistore

Affilicon

dropshipping.de

dropshipping-grosshandel.de

dropshipping-marktplatz.de

Content.de

Machdudas.de

Seojobboerse.de

fiverr.com

Buchempfehlungen

Reisetipps für ein Mini Budget

Impressum

Geschäftsanschrift Herausgeber:

Uwe Klein

Libanonstrasse 85
70186 Stuttgart

mail@marketing-tipps24.info

Haftungsauschluss: Alle Angaben wurden mit großer Sorgfalt erstellt, inhaltliche Fehler sind jedoch nie ganz auszuschließen. Autor und Herausgeber können hierfür keine Haftung übernehmen, jeder Leser ist für die Umsetzung und Anwendung der hier gegebenen Tipps selbst verantwortlich.

DISCLAIMER

Die Inhalte dieses Buches wurden mit größter Sorgfalt erstellt. Für die Richtigkeit, Vollständigkeit und Aktualität der Inhalte können wir jedoch keine Gewähr übernehmen.

Dieses Buch enthält Links zu externen Webseiten Dritter, auf deren Inhalte wir keinen Einfluss haben. Deshalb können wir für diese fremden Inhalte auch keine Gewähr übernehmen. Für die Inhalte der verlinkten Seiten ist stets der jeweilige Anbieter oder Betreiber der Seiten verantwortlich.

Die verlinkten Seiten wurden zum Zeitpunkt der Verlinkung auf mögliche Rechtsverstöße überprüft. Rechtswidrige Inhalte waren zum Zeitpunkt der Verlinkung nicht erkennbar. Eine permanente inhaltliche Kontrolle der verlinkten Seiten ist jedoch ohne konkrete Anhaltspunkte einer Rechtsverletzung nicht zumutbar. Bei Bekanntwerden von Rechtsverletzungen werden wir derartige Links umgehend entfernen.

2. Auflage 2016

Copyright © 2016 Uwe Klein

Alle Rechte vorbehalten.

www.ingramcontent.com/pod-product-compliance
Lightning Source LLC
Chambersburg PA
CBHW020956180526
45163CB00006B/2398